एक लड़की

(मुक्तक और गीत)

# एक लड़की

अमन अक्षर

हिन्द युग्म

**ISBN:** 978-81-19555-86-4

**प्रकाशक :**
हिंद युग्म
सी-31, सेक्टर-20, नोएडा (उ.प्र.)-201301
फ़ोन- +91-120-4374046

**मुद्रक :** मनीपाल टेक्नोलॉजीज लिमिटेड
**आवरण-डिज़ाइन :** समीक्षा पंड्या
**कला-निर्देशक :** विजेन्द्र एस विज

**पहला संस्करण : अप्रैल 2024**
**मूल्य : ₹199**



Ek Ladki
A collection of poems by *Aman Akshar*

Published By
Hind Yugm
C-31, Sector-20, Noida (UP)-201301
Phone: +91-120-4374046
Email: sampadak@hindyugm.com
Website: www.hindyugm.com

**First Edition: Apr 2024**
**Price: ₹199**

*"जो कुछ भी शून्य से पाया, सब शून्य को समर्पित"*

प्यारी बिटिया अक्षदा को सस्नेह...

माँ-पापा जिन्होंने जीवन और जीवन जीने की स्वतंत्रता दी।

एक लड़की जो इस किताब का आधार है, जिसने जीवन बदला
नियति से मिला जीवन का सबसे सुंदर उपहार, मेरी सहयात्री आरती।

भाई, बहन एवं पूरा परिवार जो जन्म से साथ हैं– उन्हें समर्पित।
आध्यात्मिक गुरु पूज्य श्री कैलाश नागर जी– उन्हें समर्पित।

इस यात्रा में अलग-अलग पड़ावों पर छाँव बनकर मिले
सभी मित्र एवं साथी– उन्हें समर्पित।

अपने श्रम एवं समय के प्रति कृतज्ञता।

अक्षदा के प्यारे भाई-बहन प्रारभ्य एवं जीविषा– उन्हें समर्पित

ईश्वर के प्रति सदैव कृतज्ञ...
सभी पाठकों और श्रोताओं का आभार!

राम राम...

**"यूँ किसी के भी हिस्से में कम तो नहीं,**
**एक लड़की के थोड़े से ज़्यादा हैं हम"**

इश्क़ की आग सदियों पुरानी है, लेकिन यह शेर एक कुँवारी चिंगारी की तरह इस प्राचीन आग से झाँक रहा है। प्यार करना और उसे शब्दों में बरतना दो अलग चीज़ें नहीं हैं, जैसे प्यार में नयापन बनाए रखना ज़रूरी है, वैसे ही बड़ी कविता की शर्त भी यही है कि पुरानी से पुरानी बात नए से नए लहजे में कह दी जाए। इस मापदंड पर अमन अक्षर की कविताएँ शत-प्रतिशत खरी उतरती हैं।

अमन अक्षर को मैं लगभग एक दशक से जानता हूँ और इस एक दशक में अमन की ज़िंदगी और लिखाई दोनों से मेरा कई बार सामना हुआ है। पहली बार मैंने अमन को इंदौर में एक छोटा-सा आर्टिस्टिक कैफ़े चलाते हुए देखा था। उस कैफ़े तक पहुँचने का क़िस्सा भी दिलचस्प है। मेरी पत्नी ने फ़ेसबुक पर अमन की एक पंक्ति पढ़ी, "कुछ तो तुममें ऐसा है जो तुमसे बढ़के प्यारा है" उन्होंने यह शेर मुझे सुनाया, मैं चौंक गया, शाइर का नाम पूछा, पता चला कोई अमन हैं। मैं अपने-आपको रोक नहीं पाया और मैंने अमन का नंबर निकालकर उनको फ़ोन किया। बस तभी से संवाद का एक सिलसिला शुरू हो गया जो कैफ़े में हुई मुलाक़ात तक जा पहुँचा। फिर अमन की ज़िंदगी को क़रीब से देखता रहा। बड़े विरोधाभासों से भरा हुआ व्यक्तित्व है। चेहरे से हँसी कभी जाती नहीं, लेकिन हँसते-हँसाते कविता की एक पंक्ति सुना के दिल कैसे तोड़ा जाता है, इसमें माहिर हैं। कई बार अमन को समझने में मुश्किल हुई तो उस मुश्किल को सुलझाने में उसका ही लिखा हुआ कोई गीत काम आ गया और कभी उसका लिखा समझने में कोई शक

पैदा हुआ तो उसकी निजी ज़िंदगी के उतार-चढ़ावों ने वो शक बा-इज़्ज़त दूर कर दिया। यह किसी भी लिखने वाला का सबसे अच्छा गुण है, जहाँ आप उसके लिखे और जिए में बहुत अधिक अंतर नहीं पाते हैं।

मैं अमन के लिए अक्सर कहता हूँ कि हो सकता है निहत्थे अमन के पास अपने जीवन के संघर्षों, विरोधाभासों और समस्याओं के थोड़े कम समाधान हों, लेकिन जब वह अपनी क़लम के साथ होता है तो उसके पास अपनी तो क्या दुनिया की लगभग आधी समस्याओं का हल अपने आप आ जाता है। मैं आशा करता हूँ कि अमन के इस कविता-संग्रह में, आपको अपनी उलझनों का हल भी मिलेगा और यह कविताएँ आपके लिए कुछ वैचारिक उलझनें खड़ी भी कर देंगी।

**मनोज 'मुंतशिर' शुक्ला**

*प्यार उजालों का क़िस्सा है गीत उजालों का स्वर है*
*तुम जैसी दुनिया है और ये दुनिया सबसे सुंदर है*

# अनुक्रमणिका

## एक लड़की

थोड़ी सी आग है तो थोड़ा थोड़ा पानी है
साथ जिसके ये पूरी ज़िंदगी बितानी है
एक लड़की कि जिसकी दास्ताँ सुनानी है
सिर्फ़ लड़की नहीं है प्यार की कहानी है

एक लड़की कि जिसका रूप रास आया हो
एक लड़की कि जिसका ज़िंदगी पे साया हो
एक लड़की कि जिसका ध्यान ही पढ़ाई हो
मेरे कहते ही जिसकी याद तुमको आई हो

एक लड़की कि जिसके ख़्वाब रोज़ आते हों
बात करने में दोनों पैर कंपकंपाते हों
जिससे मिलके ही सारे भाग जगमगा बैठे
हाँ वो लड़की कि यार जिससे दिल लगा बैठे

ये भरम है या पहले प्यार की निशानी है

सिर्फ़ लड़की नहीं है प्यार की कहानी है

एक लड़की जो रोज़ पास पास आए है
एक लड़की जो रात रातभर जगाए है
एक लड़की वही जो सबसे ख़ूबसूरत है
एक लड़की जो अपने आप में महूरत है

वो महूरत कि जिसमें बोलने लगे दिल भी
एक लड़की जो लगे रास्ता भी मंज़िल भी
वो महूरत के उम्र होश खोने लगती है
एक लड़की तुम्हारी दोस्त होने लगती है

जिससे हर हाल में ये दोस्ती निभानी है
सिर्फ़ लड़की नहीं है प्यार की कहानी है

एक लड़की कि जिसके साथ रहने का मन है
जिसको देखो तो लगे देखना ही दर्शन है
जिससे मिलने के बाद ही समझ में आईं हैं
जितनी बातें सभी ने आज तक पढ़ाईं हैं

एक लड़की कि जिसका ध्यान ध्यान हो जाए
ध्यान ऐसा जो प्रार्थना समान हो जाए
ध्यान ऐसा जो आके होंठ पर हँसी धर दे
ध्यान ऐसा जो आँसुओं से दो नयन भर दे

दिल की पूंजी भी इसी काम में लगानी है
सिर्फ़ लड़की नहीं है प्यार की कहानी है

यूँ तो कहने को हर कहानी एक जैसी है
दिल को हारी हुई जवानी एक जैसी है
जिसमें लड़का तो होगा दिललगा कोई जोगी
एक लड़की जो होगी थोड़ी सी अलग होगी

अपने गुमनाम से सफ़र का सार देखोगे
उसके दिल में उठा है वो जो प्यार देखोगे
ये वो पल है जो सीधे ज़िंदगी से जुड़ता है
ये वही मोड़ है जीवन यहीं से मुड़ता है

ख़ुद भी चलना है दिल को राह भी दिखानी है
सिर्फ़ लड़की नहीं है प्यार की कहानी है

सुनो अब दिल कहानी कह रहा है जीवन की
उसके हाथों की बात बात उसके कंगन की
उसके कानों की बात उसकी बाली की
उसकी आँखों की बात बात है दीवाली की

उसका चेहरा है बात मुस्कुराती दुनिया की
उसकी बातों की बात बात जैसे नदिया की
उसकी चुनर की बात बात है हवाओं की

उसकी बोली की बात बात प्रार्थनाओं की

उसके दम से ही ज़िंदगी की हर रवानी है
सिर्फ़ लड़की नहीं है प्यार की कहानी है

एक लड़की ने आके काम ये भी कर डाला
चाह से कर दिया हमें भी चाहने वाला
एक लड़की कि जिसने आस्था जगा दी हो
एक लड़की कि जिसने ज़िंदगी बना दी हो

साथ उसके जो बीते वो घड़ी मुबारक हो
उसके होने से है जो वो ख़ुशी मुबारक हो
दिल की दुनिया की पहली दोस्ती मुबारक हो
एक लड़की के साथ ज़िंदगी मुबारक हो

ज़िंदगी रात है दिल ये रातरानी है
सिर्फ़ लड़की नहीं है प्यार की कहानी है

# मुक्तक

जैसे नदिया उछाल लेती है
सारे रस्ते निकाल लेती है
कोई लड़का जो लड़खड़ाता है
एक लड़की सँभाल लेती है

जितने लगते हैं उतने ही सादा हैं हम
हर नज़र से बचाया जो वादा हैं हम
यूँ किसी के भी हिस्से में कम तो नहीं
एक लड़की के थोड़े से ज़्यादा हैं हम

पहले सीधा-सा रस्ता सुझाया हमें
फिर कहानी में वापस बुलाया हमें
ज़िंदगी का हुनर ज़िंदगी को न था
एक लड़की ने जीना सिखाया हमें

जब शिकायत जवाबों से बेहतर लगी
कोई शय फिर न ख़्वाबों से बेहतर लगी
ये भी दुनिया बची है उन्हीं से जिन्हें
एक लड़की किताबों से बेहतर लगी

एक दूजे ने मिलकर ही तय की ख़ुशी
जैसे हर ताल को अपनी लय की ख़ुशी
सारी ख़ुशियों का मतलब ख़ुशी का समय
एक लड़की का मतलब समय की ख़ुशी

आप नदिया के आधार हो जाते हैं
जैसे पत्थर से जलधार हो जाते हैं
हम अचानक पराए से संसार में
एक लड़की का संसार हो जाते हैं

सबसे अच्छा यही इस जहाँ में लगा
जैसे धरती का दिल आसमाँ में लगा
ज़िंदगी से भी लंबा सफ़र है यहाँ
एक लड़की की ना से जो हाँ में लगा

यूँ तो दोनों को दिन दिन भटकना पड़ा
प्रीत का मोड़ आया तो रुकना पड़ा
सारा पौरुष भी जब काम आया नहीं
एक लड़की को उपवास रखना पड़ा

साथ रहना हमें रास आया नहीं
दूरियों ने गले से लगाया नहीं
कितने जीवन जिए जाएँगे इस तरह
तुमने अब तक हमें यह बताया नहीं

तुम न थे मन के सारे मनन व्यर्थ थे
तुमको देखा नहीं था नयन व्यर्थ थे
तुम बिना ज़िंदगी के सभी आकलन
थे महज़ आकलन आकलन व्यर्थ थे

ये चलन पाँव की जब थकन हो गया
दिन रहे देवता भाग्य का सो गया
फिर सफ़र के ही हाथों सफ़र से कहीं
रास्ते में तेरा रास्ता खो गया

झूठी बातों के संग में नहीं आए हैं
यूँ ही मिटने को जंग में नहीं आए हैं
चाह बैठे हैं सब थोड़ा जल्दी हमें
हम अभी पूरे रंग में नहीं आए हैं

इसमें क्या है हमारी ख़ता क्या लिखें
ये न लिखें तो फिर बता क्या लिखें
घर बसाने को घर भी नहीं पास में
जो पता ही नहीं वो पता क्या लिखें

उस भली रात का रतजगा क्या लिखें
दिल अकेलों का कितना सगा क्या लिखें
हमको तन्हाई में ही हुआ प्यार भी
दाग़ पर दाग़ कैसे लगा क्या लिखें

वक़्त कितना लगेगा भला क्या लिखें
रास्ता अब तलक जो चला क्या लिखें
हम तो तुमसे बस एक आह भर दूर हैं
कितने मीलों का है फ़ासला क्या लिखें

इतनी-सी बस कहानी मगर क्या लिखें
उस अधूरे से पल की ख़बर क्या लिखें
जो तुम्हारे शहर ले के जाती हमें
रेल तो जा चुकी थी सफ़र क्या लिखें

कुछ दवा भी लगाई नहीं जाएगी
ज़ख़्म की बेहयाई नहीं जाएगी
रोज़ जीने से ऊबी हुई ज़िंदगी
ख़त्म होगी बिताई नहीं जाएगी

कब कहाँ इस बहाने से रोते हैं हम
साथ के छूट जाने से रोते हैं हम
मौत रोने की मोहलत भी देती नहीं
एक जीवन के जाने से रोते हैं हम

बात उलझी यहीं पर कहीं साथी
है कहानी वहीं की वहीं साथी
राम जाने हमारा भी होना है क्या
हम अभी तक तो बिछड़े नहीं साथी

तोड़कर कोई मानक नहीं आए हैं
अपने हिस्से कथानक नहीं आए हैं
ज़िंदगी ने मुसलसल पुकारा हमें
अब यहाँ तक अचानक नहीं आए हैं

मुझमें थी एक विकलता तुम्हारे लिए
द्वार दीपक-सा जलता तुम्हारे लिए
और जो होता पता तुम यहीं आओगे
मैं न घर से निकलता तुम्हारे लिए

युद्ध की ओर बढ़ता तुम्हारे लिए
जीतता या कि मरता तुम्हारे लिए
कुछ सुलह की जो उम्मीद होती तो मैं
तुमसे भी बात करता तुम्हारे लिए

सारे करतब दिखाए तुम्हारे लिए
कितने चेहरे बनाए तुम्हारे लिए
यूँ तो दुनिया को भी ख़ूब भाए मगर
हम कहानी में आए तुम्हारे लिए

पुण्य भी ढोए अनगिन तुम्हारे लिए
बिन जिए रह गए दिन तुम्हारे लिए
सारी दुनिया गई जाने किसके लिए
हम गए स्वर्ग लेकिन तुम्हारे लिए

सब इशारे हुए थे तुम्हारे लिए
दिल को हारे हुए थे तुम्हारे लिए
एक क्या अब तो लाखों दिलों में हैं हम
हम तुम्हारे हुए थे तुम्हारे लिए

मन का कुछ भी नहीं साँस के योग हैं
ग़म हो या हो ख़ुशी दोनों ही रोग हैं
आप रोती हुई उम्र के साथ हम
ज़िंदगी से निभाते हुए लोग हैं

प्रीत के एक प्रारूप का सूर्य है
मुझको लगता था कि धूप का सूर्य है
सारी दुनिया मेरे मन का अँधियार है
हर उजाला तेरे रूप का सूर्य है

रात के सिर लगा घाव है चंद्रमा
घाव सहकर बढ़ा भाव है चंद्रमा
वो तुम्हारी कमी से घिरा दुख है जो
एक उसी दुख का दोहराव है चंद्रमा

सब जो कहते हैं सुनने की कोशिश में हूँ
अब मैं चुपचाप रहने की कोशिश में हूँ
सब कहा जा चुका कुछ न कहने को है
बस इसी दुख को कहने की कोशिश में हूँ

ये समय एक अनूठा उपन्यास है
जिसमें अपना भी होना अनायास है
प्यास का ये सफ़र है बड़ी दूर का
जबकि घर तो नदी के बहुत पास है

एक जीवन जन्म कितना झेला हुआ
मुझमें शामिल हुआ तो ये मेला हुआ
अपने हिस्से का सब मुझको जीते गए
मैं अकेला ही था सो अकेला हुआ

ऐसे कामों में थोड़े से पल जाते हैं
दिल अगर रख लो दिल भी बहल जाते हैं
एक असर इन दवाओं का इतना है बस
ज़ख़्म भरते नहीं हैं बदल जाते हैं

कोई संबल हमें बल नहीं दे सका
एक रिश्ता भी निश्छल नहीं दे सका
ख़ैर दरिया तो क्या हमको देता मगर
प्यास भी हमको पागल नहीं दे सका

प्रेम संवाद था मैं नहीं हो सका
गीत अनुवाद था मैं नहीं हो सका
कब कोई आप अपना सहारा हुआ
तू ही अपवाद था मैं नहीं हो सका

मेरे अनुसार मिट्टी का मन प्यार है
और सोचो तो गलता बदन प्यार है
प्यार मरता भी है ये अमरता भी है
तुम सुनो प्यार तो आदतन प्यार है

बात क़िस्से में कुछ यूँ उतारी गई
वक़्त आया मगर अपनी बारी गई
आपने भी तो कुछ हौसला कम रखा
एक मुहब्बत तो हमसे भी हारी गई

आपके रूप में हम झलकने लगे
जैसे ख़ुद से ही मिलकर बहकने लगे
रात से रातरानी को संज्ञा मिली
आपके हो गए तो महकने लगे

गीत क्या हैं हमारे नहीं पूछिए
हम हैं किसके सहारे नहीं पूछिए
वो गए हर लहर एक भँवर हो गई
कैसे पहुँचे किनारे नहीं पूछिए

साथ हँसने लगे तो हँसी कम पड़ी
रो पड़ी आँख तो फिर नमी कम पड़ी
जब तुम्हारी कमी को ही जीना पड़ा
ज़िंदगी में तुम्हारी कमी कम पड़ी

साँस की अनछुई डोर कब ले गया
मेरी भटकन का एक छोर कब ले गया
भाग्य के द्वार मैं सिर पटकता रहा
वक़्त मुझको तेरी ओर कब ले गया

छटपटाहट से हम तो बिखरने लगे
इस बनावट से हम तो बिखरने लगे
पूजते थे जिसे अब उसी प्यार की
एक आहट से हम तो बिखरने लगे

सौ जनम से हैं धीरज को धारे हुए
जाने किस प्यास के हैं पुकारे हुए
आपकी प्यास ने तो नदी सोख ली
हम किनारे रहे तो किनारे हुए

ज़िंदगी का सहारा नहीं चाहते
मौत का भी इशारा नहीं चाहते
तुम जो आए-गए सब भला था मगर
हम वो मौसम दोबारा नहीं चाहते

एक जैसे ही रंग में ढले लोग हैं
वो जो सीधे से रस्ते चले लोग हैं
हम मुहब्बत में बिगड़े बिगड़ते गए
जो भले लोग थे वो भले लोग हैं

भावनाएँ अलग हो गईं भाव से
जैसे पीड़ा गई हो किसी घाव से
हमने तुमको कहानी में रक्खा नहीं
बात बेहतर हुई थोड़े बदलाव से

आग पर हाथ धरना पड़ेगा तुम्हें
ख़ुद को लाचार करना पड़ेगा तुम्हें
ज़िंदगी तो कहेगी मुहब्बत करो
फिर मुहब्बत में मरना पड़ेगा तुम्हें

साँस आहत भी होनी नहीं चाहिए
देह अमृत भी होनी नहीं चाहिए
या मुझे आदमी थोड़ा बेहतर करे
या मुहब्बत भी होनी नहीं चाहिए

मेरी राहों से अपना सफ़र ले गया
वो बिछड़कर बिछड़ने का डर ले गया
मेरी आँखों में सूना शहर छोड़कर
मुझको अपनी दो आँखों में भर ले गया

उम्र उलझन हुई कोई हल न मिला
सौ जनम तप किए कोई फल न मिला
हाँ कि इतिहास में हम अमर हो गए
हम को जीवन भरा कोई पल न मिला

प्यार अँधियार था तो अँधेरे हुए
ऐसे कितने हैं जिनके सवेरे हुए
हम तो दुनिया से कब के रिहा हो गए
ये तेरे लोग हैं हमको घेरे हुए

सब यहाँ ख़ुशनुमा था कि तुम आ गए
एक ठिकाना जमा था कि तुम आ गए
फिर तुम्हारे बिना तुमपे मरने का ये
सिलसिला बस थमा था कि तुम आ गए

कौन-सी बात थी तुम नहीं आ सके
क्या वही बात जो हम नहीं गा सके
तुम भी तन्हाई के चारागर कब हुए
हम भी बीमार को घर नहीं ला सके

एक गुमनाम-सी याद में आए थे
हम वो क़िस्से जो अनुवाद में आए थे
पहले तुम ही तो आए थे चारों तरफ़
हम तुम्हारी तरफ़ बाद में आए थे

कैसा उड़ता हुआ-सा है रंग ज़िंदगी
एक मुझे छोड़ सबके है संग ज़िंदगी
फ़िक्र का मैं वो हूँ एक लम्हा जहाँ
मुझसे मेरी तरह है तंग ज़िंदगी

इतने निस्सार में ये बड़ी बात है
ऐसे संसार में ये बड़ी बात है
आप हैं आप में बात है आम ये
आप हैं प्यार में ये बड़ी बात है

जो भी बिगड़ा सँवारा नहीं जा सका
क़र्ज़ कोई उतारा नहीं जा सका
हमने तुमको ही जीवन किया और फिर
हमसे जीवन भी हारा नहीं जा सका

हैं किसी के नहीं बुलाए हम
बिन कहे ज़िंदगी में आए हम
इतनी जल्दी में वक़्त गुज़रा है
कि घड़ी भी न बाँध पाए हम

एक संबल ही याद आता है
प्यास में जल ही याद आता है
जब भी जीवन की धूप बढ़ती है
माँ का आँचल ही याद आता है

बाल तक हो गए रूई बाबा
फिर भी कितनी है अनछुई बाबा
रोज़ पोते को देख रोती है
माँ बड़ी ही नहीं हुई बाबा

खेल अपना बना ही लेती है
ध्यान सबका बँटा ही लेती है
सारा मैदान भी सँभालें पर
मौत एक रन चुरा ही लेती है

सिर्फ़ दुख ही भरे हों दिन में जब
दिन के ढलने से रखो मतलब
सारी फ़िल्मों ने ये सिखाया बस
आख़िर-आख़िर में ठीक होगा सब

यूँ उलझने पे रो रहे थे हम
दूर बसने पे रो रहे थे हम
तेरे जाने का ग़म भी है लेकिन
अपने हँसने पे रो रहे थे हम

धूल मिट्टी सने अनमने पाँव हैं
वैसे कहने को जीता हुआ दाँव हैं
आज फिर रेल रुककर जो देखी लगा
हम तो शहरों में रहते हुए गाँव हैं

पाँव होकर गए जहाँ भी गए
छाँव होकर गए जहाँ भी गए
हम तो शहरों की धूप में भी सदा
गाँव होकर गए जहाँ भी गए

रोज़ रिश्ता नया निभाती है
दिल का हर रास्ता बताती है
हम छिपाते हैं जिसको बातों में
आँख वो दास्ताँ सुनाती है

हर एक धुन पे झूम आए हैं
यूँ शिखर भी तो चूम आए हैं
कोई कोना नहीं रोने को
पूरी दुनिया तो घूम आए हैं

स्वप्न साकार ही न कर पाए
हार स्वीकार ही न कर पाए
तुमको देखा था पहली बार जहाँ
वो गली पार ही न कर पाए

जो मनाने से मान जाती है
उस मुहब्बत की शान जाती है
तुम तो एक दम से उठ के जाते हो
इस तरह से तो जान जाती है

प्यार की पहली पहली आहट है
ज़िंदगी की नई सजावट है
कोई आवाज़ दिल से आती है
एक बच्चे की खिलखिलाहट है

वो जो बरसों समझ न आया था
पाठ बचपन में ही पढ़ाया था
जिससे मिलना हो प्यार से मिलना
माँ ने ये डाँटकर सिखाया था

प्यार इतना उसे भी था हमसे
बस ये धोखा ही हो गया हमसे
जो नहीं था उसे निभाने में
कोई रिश्ता नहीं निभा हमसे

हमने जितने बरस बिताए हैं
सब तेरी याद के ही साये हैं
अपने सपनों को तो जलाया है
पर तेरे ख़त नहीं जलाए हैं

यूँ तो मिलने के सौ बहाने थे
दिन तो वैसे भी बीत जाने थे
हम किताबों के साथ मिलते थे
जबकि हमको गुलाब लाने थे

हमको इतना-सा दान देना बस
अपने होने का भान देना बस
आप पर जान देने आए हैं
हम पे थोड़ा-सा ध्यान देना बस

तुमसे बिछड़े तो कैसा जी होगा
फिर जो होगा फिर वही होगा
तुमको ही हर किसी में ढूँढेंगे
प्यार हर बार तुमसे ही होगा

दिल की टूटी हुई कड़ी दे दी
उसने उम्मीद आख़िरी दे दी
मुझमें मरते जवान लड़के को
एक लड़की ने ज़िंदगी दे दी

रोज़ तुलसी को जल चढ़ाते हैं
द्वार पर दीप एक जलाते हैं
हम पत्थर के इन मकानों को
अपने रिश्तों से घर बनाते हैं

पहले लगता बहुत अकेला है
किंतु जीवन की एक बेला है
सारी दुनिया तो धन की दुनिया है
ये जो मेला मन का मेला है

दाँव अपना बचाए रखना है
घाव अपना बचाए रखना है
आसमाँ पे शहर बने बने न बने
गाँव अपना बचाए रखना है

जीतना तो है अपने दम तुमको
राह कितनी भी हो विषम तुमको
प्यास इतनी भी मत बढ़ा लेना
सारी नदियाँ भी कम लगे तुमको

रंग धानी भी तो देना था
कोई सानी भी तो देना था
हमको रोपा था आपने माना
खाद-पानी भी तो देना था

इतने दूर थे कि दूरियों के मेल हो गए
हम नगर से पहले ही रुकी-सी रेल हो गए
अपनी-अपनी याद से लिपटती बेल हो गए
तुम हमारा खेल हम तुम्हारा खेल हो गए

एक घड़ी में साथ-साथ जैसे दो जनम रहे
ज़िंदगी के साथ ज़िंदगी से थोड़ा कम रहे
थोड़े दिन तो जग में अपने प्यार के भरम रहे
फिर बचीं कहानियाँ न तुम रहे न हम रहे

अधबसे नगर में अपने ख़्वाब लेके आए थे
हर सवाल का ग़लत जवाब लेके आए थे
प्रेम की गली में सब शराब लेके आए थे
हम बहुत ख़राब थे किताब लेके आए थे

ज़िंदगी के फूल हाथ में लिए हैं जान लो
अब तुम्हारे मन के कितने पास ये हैं जान लो
हर नई हँसी के अर्थ भी नए हैं जान लो
हम तो दोस्ती से आगे बढ़ गए हैं जान लो

ज़िंदगी के डर चला नहीं सके
तुम यही ख़बर चला नहीं सके
देश कैसे ठीक-ठाक चल रहा
हम तो एक घर चला नहीं सके

देवताओं से भी हल नहीं हुई
ज़िंदगी कहीं सरल नहीं हुई
अबके साल फिर यही हुआ यहाँ
अबके साल फिर फ़सल नहीं हुई

सच के साथ क़ाफ़िला नहीं हुआ
ख़त्म ये भी सिलसिला नहीं हुआ
ख़ुदकुशी ख़िताब बन गई मगर
ज़िंदगी से कुछ भला नहीं हुआ

थे भटकते हुए सब
क़दम आह के
तुम मिले भावनाओं
को घर मिल गया
राह थिरकी तुम्हारी
क़दमताल पर
यूँ लगा अपने पाँवों
को घर मिल गया

देहरी पर धरे दीप की रोशनी
कह रही है अँधेरा है दोनों तरफ़
ये तुम्हें कोई आभास देगा नहीं
एक ही दुख का घेरा है दोनों तरफ़

अपनी आँखों ने भी तो बहुत रूप का भार ढोया मगर
कल्पनाओं का प्यासा ये मन पानियों पर भी उभरा नहीं
देखना एक यही पुण्य है देखने जिसको आए हैं सब
जिस बनावट का दर्शन कभी आँख में ठीक उतरा नहीं

# गीत

## थोड़ा हँसना थोड़ा रोना थोड़े से झगड़े रखना

थोड़ा हँसना थोड़ा रोना थोड़े से झगड़े रखना
अपनी समझ बढ़ाना लेकिन पागलपन पकड़े रखना
दो आधे लोगों से ही तो ऐसी यारी बनती है
बाक़ी पूरेपन से केवल दुनियादारी बनती है

मिलते-मिलते दिल मिलना दिल मिलते ही मिल जाना
देखो रास बहुत आएगा दो फूलों का खिल जाना
मिलने की सूरत में ही तो सूरत प्यारी बनती है

अपने मन को अपनी ही बातों से न बहलाओ तुम
जिसका साथ भला लगता है उसको साथ बनाओ तुम
बेचारे लगने से ही क़िस्मत बेचारी बनती है

ये अवसाद नहीं है प्यारे उसकी याद का पानी है
जिसके साथ तुम्हें अपनी ये पूरी उम्र बितानी है
इस पानी का मोल चुकाओ ज़िम्मेदारी बनती है

किसी रूप के मंदिर में इन दो आँखों का बस जाना
चलो किसी ने तो रहने का सही ठिकाना पहचाना
इस घर में ही मन वालों की उम्रगुज़ारी बनती है

हमको दीवार नहीं बनना है हमको रस्ता बनना है
जो हमको चाहेगा उसकी हमसे ही राह निकलना है
यार नशा चढ़ने दो पहले बाद ख़ुमारी बनती है

थोड़ा रुककर सोचो ख़ुद को कब एकाकी पाते हो
मरना बाक़ी पाते हो या फिर जीना बाक़ी पाते हो
मरने से पहले भाई जीवन की बारी बनती है

अपना ही अनुभव आख़िर अपने काम नहीं आया
कब इतना उलझा था जीवन जितना हमने सुलझाया
दिल बीमार नहीं होता है जब तो हर बीमारी बनती है

दो आधे लोगों से ही तो ऐसी यारी बनती है
बाक़ी पूरेपन से केवल दुनियादारी बनती है

## एक सिपाही का रोना सुना है यहाँ ?

किसने हारे हुए युद्ध से लौटते
एक सिपाही का रोना सुना है यहाँ ?

युद्ध ऐसी प्रथा है अभी तक जहाँ
जीत बस एक ही पक्ष को वर सके
किंतु हारे हुए का भी यशगान हो
हम भी ऐसी व्यवस्था कहाँ कर सके

जीत के सुख मनाए सभी ने मगर
हार का पर्व होना सुना है यहाँ ?

## हम कई जन्मों से बचते आ रहे थे

हम कई जन्मों से बचते आ रहे थे
क्या इसी लम्हे से जिसमें मर रहे हैं
यूँ अलग होकर ख़ुशी से दुख मनाना
हम मुहब्बत का तमाशा कर रहे हैं

दो किनारे जिनको पानी बाँटता हो
पत्थरों के पुल ही उनको जोड़ते हैं
प्यार जो रिश्ते से ज़्यादा बढ़ गया है
हम भला ये किस गति से दौड़ते हैं

प्यास भरनी थी हमें नदिया से लेकिन
हम नदी में प्यास अपनी भर रहे हैं

## प्रेम के गीत गाए मगर

प्रेम के गीत गाए मगर
हमने उजियार पाए मगर
यूँ गँवाकर कहाँ तुम गए
लौ थमाकर कहाँ तुम गए

ये अकेली-सी आवारगी
किस पहेली का अनुवाद है
किस तरह हम हुए थे अलग
तुम बताओ तुम्हें याद है
    साथ तुमने निभाए मगर
    क़र्ज़ सारे चुकाए मगर
    यूँ निभाकर कहाँ तुम गए
    सब चुकाकर कहाँ तुम गए

कुछ पहर की थकावट लिए
उम्र की राह क्या रोकते
इस तरह बात करते हैं अब
तुम जो होते तो तुम टोकते
    मन भी तुमने मनाए मगर
    ख़्वाब तुमने जगाए मगर

फिर मनाकर कहाँ तुम गए
यूँ जगाकर कहाँ तुम गए

तुम न आए तो तन्हाई को
दिन का नखरा उठाना पड़ा
शाम की आख़िरी नाव पर
लौटकर हमको जाना पड़ा
सोग तुमने मनाए मगर
हम वहीं रोज़ आए मगर
दुख जताकर कहाँ तुम गए
फिर बुलाकर कहाँ तुम गए

दुख की नाकामियाँ देखकर
फिर से ख़ुशियाँ मनाई नहीं
तुमने छोड़ी थी जो चाक पर
हमने दुनिया बनाई नहीं
बोझ सारे उठाए मगर
हर घड़ी मुस्कराए मगर
हक़ अदा कर कहाँ तुम गए
दुख बँटाकर कहाँ तुम गए

## हाथ की रेखाओं से जाकर परे

हाथ की रेखाओं से जाकर परे
हाथ हमने तेरे हाथों पर धरे

भाग का हर लांछन सहना तो है
धार विपरीत है पर बहना तो है
प्यार की हर कहानी का अभिशाप है
साथ रहना न हो पर बिछड़ना तो है

अनसुना करके सारा इतिहास रे
हाथ हमने तेरे हाथों पर धरे

देवता सब हैं रूठे, रूठे रहें
छोड़कर याचना हम अपनी कहें
गीत और ये प्रणय कब हैं किसको मिले
छूट ही जाएँगे चाहे जितना गहें

आस का एक दिया साहस भरे
हाथ हमने तेरे हाथों पर धरे

एक सिरा है रतन दूसरा साँप है
मन से वरदान-सा एक अभिशाप है
दर्द दोगुना हुआ शोर तिगुना हुआ
एक मेरी बात है जो कि चुपचाप है

अब हैं उत्सव सभी मौन के आसरे
हाथ हमने तेरे हाथों पर धरे

## प्राण अकेले घबराए है

प्राण अकेले घबराए है
तुम कुछ क्षण प्रिय! साथ रहो

एक सघन वन जैसी कोई दुनिया मेरे भीतर है
वन ऐसा जिसमें मन को ख़ुद अपनी पशुता से डर है
देखो! चिर कुँवारी देहरी छाया से भी डरती है
कुछ क्षण दीपक संग तुम भी ठहर सको तो बेहतर है

गीत अकेले शरमाए है
तुम कुछ क्षण प्रिय! साथ गहो

नेह तुम्हारा जीवन का साथ निभाने जैसा है
अनुरागी हो जाना सारे पुण्य कमाने जैसा है
सब अर्थों में विजय तुम्हीं हो तुम ही विजय का अर्थ सही
इससे ज़्यादा क्या पाना क्या कुछ पाने जैसा है

ये स्वप्न अकेले अकुलाए हैं
तुम कुछ क्षण प्रिय! साथ बहो

## पर्वतों-सा भाग्य था लेकिन यहाँ पर

पर्वतों-सा भाग्य था लेकिन यहाँ पर
साँस का झरना नहीं गिरना लिखा है
तुम नहीं हो तो हमारी ज़िंदगी में
प्यास का भरना नहीं मरना लिखा है

ये सफ़र विश्राम जैसा ही लगा था
और रस्ता धाम जैसा ही लगा था
जो तुम्हारी याद से ब्याहा है हमने
दुख तुम्हारे नाम जैसा ही लगा था

राह चलकर ही नहीं पढ़कर भी देखी
प्रेम का पकना नहीं थकना लिखा है

## तुमसे दो आँसू नहीं सँभले हमारे

तुमसे दो आँसू नहीं सँभले हमारे
तुमको पूरी दास्ताँ फिर क्या सुनाते

हर अजाने स्वर को आशा कर लिया है
हमने अपना तन तमाशा कर लिया है
जब हमारे साथ थे भयभीत थे तुम
सो तुम्हारे भय को भाषा कर लिया है

राम अपनी जानकी से युद्ध हारे
हम भी तुमसे ये लड़ाई हार जाते

यूँ थके भटके चरण देखे नहीं थे
प्रेम तो पाया जतन देखे नहीं थे
हमने उनका दुख कथाओं में सुना था
हमने दुखियारे हिरण देखे नहीं थे

हम सहज ही हो गए एक दिन तुम्हारे
फिर तुम्हें अपनी विवशता क्या बताते

हमसे हर चेहरा भुलाया जा चुका था
रोशनी बढ़ते ही साया जा चुका था
जब तलक तुम तक हमारी बात पहुँची
प्रार्थना का शव जलाया जा चुका था

जग बनाएगा जहाँ मंदिर हमारे
हम तुम्हारे साथ अपना घर बनाते

बस ज़रा-सी बात थी कहना कठिन था
आँसुओं से घाव का भरना कठिन था
जिस हवा ने हर दिया ज़िंदा रखा था
उस हवा में ही दिये रखना कठिन था

हम स्वयं जी पाए न अपने सहारे
क्या तुम्हें अपने सहारे छोड़ पाते

## तुम जो छोड़ गए फिर मन के आधे मौसम छूट गए

तुम जो छोड़ गए फिर मन के आधे मौसम छूट गए
तुमको इस जीवन में साथी कुछ दिन और ठहरना था

हम दोनों बिछड़े सो हमको इसका सोग मनाना था
कुछ दिन एक-दूजे के संग में खुलकर हँसना गाना था
यूँ इस क़िस्से में मरकर अब अक्सर ऐसा लगता है
हमको अपनी प्रेम कथा से बचकर नाम कमाना था

हम मन की बातें एक दिन चेहरे पर लिखकर लाए थे
तुमको उन बातों में सारी दुविधाओं को पढ़ना था

अपना दुख लेकर एक दिन भी जग के पास नहीं आए
इतना जान गए थे हम भी जग को रास नहीं आए
एक ओर बरसते आँसू अब तो यादों का जंगल आगे
राम करे अपने हिस्से कोई वनवास नहीं आए

हम वनवासी होते भी तो युग के राम कहे जाते
तुमको सीता होने से एक बार मना तो करना था

## हम ऐसे अनुरागी जो दुनिया को ये बतलाते हैं

हम ऐसे अनुरागी जो दुनिया को ये बतलाते हैं
सब कुछ छोड़ा जा सकता है प्यार अगर मिल जाए तो

हमने घर छोड़ा सो हमको इसकी क़ीमत भरनी थी
पल दो पल का सुख पाने क़ो लाखों जंगें लड़नी थीं
हम प्रेमी थे इस दुनिया को इस कारण भी चुभते थे
हमको मुरझाई दुनिया फूलों के लायक़ करनी थी

तुमने भी ये दुख भोगा फिर हमने बस इतना चाहा
कितना अच्छा हो दुख को विस्तार अगर मिल जाए तो

हम गुमनाम न होते जो इस माया को तोड़ा होता
प्यार में पड़ने से पहले ही गर सबको छोड़ा होता
तुम कहते थे हम प्रेमी ही ये संसार सजाते हैं
यूँ होता तो जग का चेहरा एक प्रेमी जोड़ा होता

कितने ही पंछी हैं जिनके उड़ने को नभ छोटा है
ऐसों को नभ के आगे का द्वार अगर मिल जाए तो

सब आँखें काजल भरती थीं हम आँखों में जल भरते
इससे ज़्यादा क्या हम भी फिर लोगों से विनती करते
ये भी क्या मालूम था दुनिया से ऐसे लड़ जाएँगे
हम तो सपनों में भी तुमको छूते थे डरते-डरते

अब जाकर जाना मन ही एक घाव है जो रिसता था
अब सोचो मन का कोई उपचार अगर मिल जाए तो

क्या दीवानेपन में दोनों को ऐसा कर जाना था
यूँ बदनाम भटकने से तो अपने ही घर जाना था
हम तो सब खोने के डर से ही जैसे मर जाते थे
अब लगता है हम जैसों को सच में ही मर जाना था

जितना हमने सोच रखा था उससे काफ़ी बेहतर है
लेकिन जो चाहा वो जीवन एक बार अगर मिल जाए तो

## भाग्य रेखाओं में तुम कहीं भी न थे

भाग्य रेखाओं में तुम कहीं भी न थे
प्राण के पार लेकिन तुम्हें देखते

साँस के युद्ध में मन पराजित हुआ
याद की अब कोई राजधानी नहीं
प्रेम तो जन्म से ही प्रणयहीन था
बात लेकिन कभी हमने मानी नहीं

हर नए युग तुम्हारी प्रतीक्षा रही
हर घड़ी हम समय से अधिक बीतते

एक तरफ़ आस के कुछ दीये जल उठे
एक तरफ़ मन विदा गीत गाने को है
प्रिय इस जन्म भी कुछ पता न चला
प्यार आता है या सिर्फ़ जाने को है

जो सहज जी गए तुम हमारे बिना
हम वो जीवन तुम्हारे ही संग सीखते!

## हम तुम्हारे साथ रहना चाहते हैं

हम तुम्हारे साथ रहना चाहते हैं

कोई आशा जीतकर भी कुछ नहीं है
एक सपना टूटकर संबल बना है
ज़िंदगी से हर घड़ी जाते हुए तुम
गीत गा-गाकर तुम्हीं को रोकना है

ख़ुद को दर्पण में सुनहरा देखने को
हम तुम्हारी बाँह गहना चाहते हैं

हम उपासक हैं नहीं हम देवता हैं
हमको ही अमृत पिलाया जाएगा
ये अलग दुनिया है इसमें जी गए तो
प्यार में मरना सिखाया जाएगा

तुम हमें अपने नयन के बोल दे दो
हम तुम्हारी बात कहना चाहते हैं

## सीधी बहती जल-धारा में कैसा रूप उभारा है

सीधी बहती जल-धारा में कैसा रूप उभारा है
तुम में कुछ ऐसा है जो तुमसे भी ज़्यादा प्यारा है

धूप का रूप नहीं है लेकिन सुंदरता तो दिखती है
झील के पानी की ख़ुशबू भी अक्सर अच्छी लगती है
हमको जो भाता है तुम में, शब्द नहीं कह पाएँगे
यूँ समझो तुम से जुड़कर ही दुनिया और निखरती है

एक नयापन है दुनिया में, तुमने ख़ूब सँवारा है
तुम में कुछ ऐसा है जो तुमसे भी ज़्यादा प्यारा है

# जितनी कटुता तुमने सौंपी उतना मधुरिम गान हुआ

जितनी कटुता तुमने सौंपी उतना मधुरिम गान हुआ
जब तुमने मन छुआ स्वयं के मन होने का भान हुआ
मन की दुश्मन दुनिया में तुम देकर क्या आभास गए
पहले प्यास से दम टूटा फिर हम पानी के पास गए

गीत लगे है हम जैसे लड़के की गहरी आशा है
प्यार लगे है तुम जैसी लड़की की घोर निराशा है

## डोर जो हमको तुमसे है बाँधे हुए

डोर जो हमको तुमसे है बाँधे हुए
डोर क्या तुमको हमसे नहीं बाँधती

प्यार है बारिशों का भरम पालना
भीगना तो हमें रोज़ भीतर से है
प्यार संध्या के एक दीप का है सफ़र
बस निकलना हमें रात के डर से है

है अमावस वही हममें तुममें जो है
तुमसे क्या वो उजाले नहीं माँगती

हम हैं बातों के एक जादूगर तो मगर
कोई जादू हमारे नयन में नहीं
जो भी देखो-सुनो, जो सुनो देखना
रोशनी के सिवा कुछ भी मन में नहीं

हम तुम्हारी ही आभा से रोशन मगर
तुम ही अपनी चमक ख़ुद नहीं जानती

## किसी उदासे दिन जैसा ही ये जीवन भी बीतेगा

किसी उदासे दिन जैसा ही ये जीवन भी बीतेगा
प्रेम जो बीता तुम बीतोगे अपना मन भी बीतेगा

ऐसा लगता है जीवन ये दुख के घर का न्योता है
मन भी जाने कैसे इतनी ख़ाली दुनिया ढोता है
एक मिट्टी का गुड्डा बन फिर हँसता है न रोता है
प्रेम चला जाता है तो अक्सर ऐसा ही होता है

मन का भीगापन आँखों का गीलापन भी बीतेगा
प्रेम जो बीता तुम बीतोगे अपना मन भी बीतेगा

पानी जैसी अभिलाषा को किसी रूप में ढलना है
मोह के पंछी को भी एक दिन मन के पार निकलना है
एक प्रेयसी एक प्रियतम को संग रहना और बिछड़ना है
फिर बिछड़े रिश्ते को जीवन कहते-कहते मरना है

जीने-मरने का इकलौता ये साधन भी बीतेगा
प्रेम जो बीता तुम बीतोगे अपना मन भी बीतेगा

## इस जनम की तुम वही एक यात्रा हो

इस जनम की तुम वही एक यात्रा हो
तुम बिना जिसको मैं पूरी कर रहा हूँ

हर नई चाहत के सौ-सौ ऋण चुकाए
एक तुमको छोड़ हर अधिकार अपना
इस सदी के भाग्य में भी तुम नहीं हो
और मुझसा ही अकेला प्यार अपना

वक़्त के पर्वत को बढ़ता देखकर मैं
प्यार की ऊँचाइयों से डर रहा हूँ

## गहते-गहते जीवन नदिया प्रीत निराली पाई है

गहते-गहते जीवन नदिया प्रीत निराली पाई है
एक तुम्हारे मन की नैय्या साथ किनारे लाई है

वो अंकन गलबाँहों के जब जब तुम से पाए हैं
साथ नदी के धारे मुझ तक दीपक बहते आए हैं
कभी जो सुख सारे मुझसे आँख बचाकर भागे थे
अब आँसू की सूरत में सब भेष बदलकर आए हैं

भावुकता ने नए सिरे से थामी गीत कलाई है
एक तुम्हारे मन की नैय्या साथ किनारे लाई है

संबंधों ने अनुबंधों के मनहर पौधे रोपे हैं
इस बंजारे जीवन को शुभ मंगल बंधन सौंपे हैं
चार दिशाएँ अनजानी-सी मोड़ सभी थे अँधियारे
प्रिये तुम्हारी प्रीति पथ है अर्थ दीये की लौ पे हैं

जीवन के हर ऋण की यह सुखद भरपाई है
एक तुम्हारे मन की नैय्या साथ किनारे लाई है

उन सुधियों के रंग अचानक ऐसे खिलकर निखरे हैं
जैसे पकड़कर हाथ तुम्हारा हम सँभलकर उभरे हैं
दूर गगन में स्वप्न सभी नित एकाकी से बहते हैं
प्रिय समय का संबल पाकर घर आँगन में उतरे हैं

बीते जन्मों की तृष्णा ही तृप्ति बनकर आई है
एक तुम्हारे मन की नैय्या साथ किनारे लाई है

## इतना आगे निकल आएँगे प्यार में

इतना आगे निकल आएँगे प्यार में
सोचते भी न थे जानते भी न थे!

बूँद के भाग्य में है समंदर लिखा
प्यास का भाग्य लेकिन है पानी नहीं
जिसको देखे बिना उम्र ही काट दी
उसको देखे बिना मौत आनी नहीं!

एक दुनिया जहाँ प्यार हो ही नहीं
खोजते भी न थे मानते भी न थे

सुख का संसार न सुख का आधार है
दुख की लेकिन कोई तो कसौटी रहे
भाग्य रेखा में गर प्रीत का घर न हो
जीने की फिर वो रेखा भी छोटी रहे

ज़िंदगी से अधिक प्यार से प्यार को
रोकते भी न थे लाँघते भी न थे

## आँसुओं में जल नहीं है

आँसुओं में जल नहीं है, मन अधिक है
वैसे मुझमें मैं नहीं हूँ तुम अधिक हो

मौन बंसी मौन होकर क्या बताए-
हर समर्पण साँस से हारा हुआ है
मैं अकेलेपन का वो उठता धुआँ हूँ
जो तुम्हारे दीप का मारा हुआ है

ये समापन कम, अधूरापन अधिक है
वैसे मुझमें मैं नहीं हूँ तुम अधिक हो

मैं वही पत्थर हूँ तुमको साधकर
जिसकी सारी चेतनाएँ गायक हुई हैं
ठीक उस पल से जब तुम आ गए थे
मेरी सुधियाँ पूजने लायक़ हुई हैं

प्रीत ये मंदिर नहीं, उपवन अधिक है
वैसे मुझमें मैं नहीं हूँ तुम अधिक हो!

## हम वही हैं सफ़र से भी ऊबे हुए

हम वही हैं सफ़र से भी ऊबे हुए
हम वही हैं ठहरकर जो मर जाएँगे

एक अनुमान है मन हिमालय-सा है
जो हिमालय किसी दिन पिघल जाएगा
जिस घड़ी सब प्रलय की दिशा जाएँगे
प्यार अपना वहीं से निकल आएगा

जिस सलीक़े से दुनिया सँवरती यहाँ
उस सलीक़े से हम न सँवर पाएँगे

जैसे मन भी पुनर्जन्म-सा पा गया
आज पहरों तुम्हीं से जो बतियाए हैं
यात्रा भी नहीं है न ठहराव है
अपने जीवन में हम लौटकर आए हैं

तुम मिलो रोज़ आरोह-अवरोह से
हम भी जीवन को ऐसे ही भरमाएँगे

## एक जीवन अपने ही जीवन-सा जीकर देख लो!

एक जीवन अपने ही जीवन-सा जीकर देख लो!
प्यार जब आता उमर एक घड़ी की होती है
प्यार जब जाता उमर सौ जनम को रोती है

क्या अजाना जाना क्या आँख ने पहचाना क्या
जो समय ने रच दिया है तुमने वो ही माना क्या
प्यार एक तस्वीर-सा है और बदलते रंग हम हैं
प्यार का होना बड़ा है अपना आना-जाना क्या

अब भले एक बार को तुम और मरकर देख लो!
जब जनम फिर पाओगे तो हाँ यही सब पाओगे
हम बदलती सीपियाँ हैं प्यार ही तो मोती है

## हम समय से पूछते हैं ज़िंदगी में

हम समय से पूछते हैं ज़िंदगी में
जीना मरना प्यार से
कितना अलग है?

आत्मा का यक्ष अक्सर पूछता है-
ये बदन किस द्वार जाकर छूटता है
हम यही कहते हैं- ऐसे प्यार में
छूटने से पहले सब कुछ टूटता है

वो हठीला यक्ष है, फिर पूछता है-
मोह मृत्यु द्वार से
कितना अलग है?

याद ने जलयान आँखों में उतारे
रोशनी ने आँसुओं के घर सँवारे
सिसकियों ने आह को एक स्वर दिया फिर
गीत से जुड़कर हुए सब और प्यारे

सूखते कंठों ने पूछा- गीत गाना
रूप के श्रृंगार से
कितना अलग है?

## ले चलो उस दिशा

ले चलो उस दिशा
जिस दिशा ज़िंदगी
भीड़ में भी न हो न अकेली रहे

कल्पना में तुम्हें हर घड़ी सोचकर
कल्पना से निकलना है रहना भी है
प्यार को जानना जीतने से कठिन
प्यार लांछन भी है प्यार गहना भी है

उम्र उलझन हुई कोई हल न मिला
और तुम एक अबूझी पहेली रहे

स्वप्न में एक दुनिया है हम भी जहाँ
सुख से सोते हैं और सुख से जगते भी हैं
जबसे तुम हो गए पूरी दुनिया को हम
प्यारे हो भी गए प्यारे लगते भी हैं

जिसको भाया नहीं साथ अपना कभी
वो न दुश्मन रहे न सहेली रहे

## चंचल मन ये जीता जिसने तुममें ऐसा कोई है

चंचल मन ये जीता जिसने तुममें ऐसा कोई है
एक तुम्हारे पीछे हमने अपनी सुध बुध खोई है

बस्ती-बस्ती गीत लिए हम अपनी बातें कहते हैं
कुछ गीतों की नैया ले हम अपनी नदिया गहते हैं
मन जब तुमसा होकर अक्सर हमसे झगड़ा करता है
तब लगता है मन भीतर सब लोग तुम्हारे रहते हैं

अपनी होनी अनहोनी भी एक ही साँस पिरोई है
एक तुम्हारे पीछे हमने अपनी सुध बुध खोई है

भावुकता का सूरज निस-दिन चढ़ता और उतरता है
याद का चंदा नियमित आकर ठंडी आहें भरता है
जीवन तुम तक सीमित होकर पूरी दुनिया जैसा है
तुमसे बाहर आकर अपनी छाया से भी डरता है

प्यार की दुनिया में ही हमने अपनी दुनिया बोई है
एक तुम्हारे पीछे हमने अपनी सुध बुध खोई है

किसी कल्पनालोक में बीते वो जीवन ही अच्छा है
इस तर्कों वाली दुनिया से ये प्रेमी मन ही अच्छा है
आस का हर पत्ता आख़िर जब उस डाली से टूट गया
यूँ लगता है प्रियतम अपना ख़ालीपन ही अच्छा है

मन बैठी एक लड़की अक्सर ऐसा सुनकर रोई है
एक तुम्हारे पीछे हमने अपनी सुध बुध खोई है

## हँसने रोने के भी सिलसिले खो गए

हँसने रोने के भी सिलसिले खो गए
ये कहानी का सबसे बुरा दौर है
प्यास है आग का हाथ थामे हुए
सो ये पानी का सबसे बुरा दौर है

ज़िंदगी के किसी आख़िरी भाग में
गर ये आँसू हमें होश खोते मिले
हर हँसी को बचाया है जिनके लिए
स्वर्ग में लोग वे सारे रोते मिले

फिर उलझना हो उलझन का मानी अगर
तो ये मानी का सबसे बुरा दौर है

## गीत लिखते थे जिस ज़िंदगी के लिए

गीत लिखते थे जिस ज़िंदगी के लिए
तुमने आकर वही ज़िंदगी सौंप दी
    रेत-सा जा रहा था समय हाथ से
    तुमने भावों को नियमित घड़ी सौंप दी

साथ जीने की क़समों की ज़िद से अलग
साथ जीने को जीना सिखाकर हमें
जाने क्या-क्या बनाने में बिगड़े थे हम
तुमने सौंपा हमारा बनाकर हमें

    धूप और छाँव सब एक लगने लगे
    तुमने आँखों को क्या सादगी सौंप दी

## ये तुम्हारी गली का सरल रास्ता

ये तुम्हारी गली का सरल रास्ता
हमसे पूछो तो सबसे कठिन राह है

चंद क़दमों की दूरी के इस फेर में
वक़्त ने रोज़ मीलों चलाया हमें
तुम प्रतीक्षा के वो मौन संवाद थे
जिसने दुनिया की भाषा बनाया हमें

हम तो यूँ ही निकल आए थे खो गए
मन मगर अपनी मर्ज़ी से गुमराह है

लाख विश्वास हमने सँभाले मगर
एक संदेह जाते ज़माने लगे
हमको जीवन के दिन थे बनाने मगर
हम यहाँ रोज़ रातें कमाने लगे

ख़ुद से कोई वचन जो निभाया नहीं
एक तुम्हारे वचन का ही निर्वाह है

## हम अचानक अलग हो गए एक दिन

हम अचानक अलग हो गए एक दिन
एक अधूरी कहानी को बल मिल गया

हम मिले न किसी और से जिस तरह
अपने मिलने के वैसे ही संजोग हैं
एक होने की धुन में उलझते गए
ये भी सोचा न हम दो अलग लोग हैं

प्यार को हमने ख़ुद में न पगने दिया
प्यार को फिर हमारा बदल मिल गया

आँसुओं का यहाँ छूटना आँख से
एक व्यवस्था है कोई न अलगाव है
एक मीठे से झरने का पानी हैं हम
जिसमें झरना ही सबसे बड़ा भाव है

हमने ही आग आगे रखी प्यास से
जिसको जलना था उसको ही जल मिल गया

हम बरस-दो बरस की मुहब्बत में ही
एक अनोखे से एहसास को पा गए
हम बिछड़ते समय ख़ूब रोए जहाँ
फूल देखो उसी डाल पर आ गए

हम ग़लत मानकर छोड़ आए जिन्हें
वक़्त को उन सवालों का हल मिल गया

# एक और नई कहानी दुनिया हम दोनों में ढूँढेगी

एक और नई कहानी दुनिया हम दोनों में ढूँढेगी
हम इस जीवन में भी अपना प्यार सफल न कर पाए

आँसू अपने सपनों का जब शीशमहल न हो पाए
एक-दूजे की ख़ातिर दोनों फिर पागल न हो पाए
तुम इतने प्यारे थे तुमसे पूरी दुनिया सरल हुई
हम इतने मुश्किल थे जो तुमसे भी हल न हो पाए

क़िस्मत ने हम दोनों को हर युग में ही मिलवाया है
हम अपना मिलना लेकिन हर बार सफल न कर पाए

धूप तुम्हारे रूप की कैसे दो आँखों में भर पाते
कैसे अंबर के प्रश्नों का धरती पर उत्तर पाते
हम तो शापित प्रेमी हमको न कोई अधिकार मगर
जादूगर भी इस दुनिया को तुम जैसी न कर पाते

तुम्हें अमरता स्वर्ग की थी और हमें धरा पर मरना था
यूँ फिर सपनों का अपना संसार सफल न कर पाए

आकार समय के दाग़ों के ही प्रीत के चाँद से दूने थे
रोज़ तुम्हें पाने की ख़ातिर चरण नियति के छूने थे
मन के राजकुँवर को आख़िर प्रेम नगर में रहना था
प्रेम नगर भी ऐसा जिसके सब चौराहे सूने थे

प्यार के मरते क़िस्से में बस इतना ही होते देखा
कुछ जीत सफल न हो पाई कुछ हार सफल न कर पाए

## रेत-सा मन लिए स्वप्न के द्वार हम

रेत-सा मन लिए स्वप्न के द्वार हम
एक नदी का पता पूछकर आ गए

एक भरम सौंपकर तुम चले तो गए
हर जनम वो भरम अब निभाना तो है
जिस कहानी में हम तुम कहीं भी ना थे
उस कहानी को अपना बताना भी है

जब तुम्हें ढूँढते आप ही खो गए
हम तुम्हारा नगर छोड़कर आ गए

स्वर्ग को चाहना फिर तुम्हें सोचना
क्या है बेहतर यही जब कहीं सोचते
स्वर्ग मिल जाएगा इतने क़ाबिल तो हैं
तुम ही मिल जाओगे हम नहीं सोचते

आस होना अलग पास होना अलग
सोचकर हम अलग राह पर आ गए

## युद्ध जीतना समर के बाद का विचार है

युद्ध जीतना समर के बाद का विचार है
युद्ध को न रोक पाए तो हमारी हार है

जीतकर ये कब हुआ विवाद ही नहीं रहा
जो विजय किया विजय के बाद ही नहीं रहा
भोर हो गई है शोर नाद ही नहीं रहा
हमने क्या गँवा दिया है याद ही नहीं रहा
प्यार आख़िरी उम्मीद प्यार पहला वार है
युद्ध को न रोक पाए तो हमारी हार है

एकता की ओढ़नी पे दाग़ दे रहे हो तुम
जोड़ का गणित है देश भाग दे रहे हो तुम
देशप्रेम का नया ही राग दे रहे हो तुम
बेवजह कपास में क्यों आग दे रहे हो तुम
मैं जो कह रहा हूँ हर किताब का ये सार है
युद्ध को न रोक पाए तो हमारी हार है

अखंडता को खंड-खंड कर गला दिया गया
युद्ध था विकल्प आदतों में ला दिया गया
दीप से अधिक हवा को हौसला दिया गया
किसके नाम पर मेरा ये घर जला दिया गया

जिसका घर बचा है आग में वो गुनाहगार है
युद्ध को न रोक पाए तो हमारी हार है

उनकी याद में वतन के लाख गीत गाएँ हम
कैसा हो जो देश उनके साथ ही बनाएँ हम
राग देश का उन्हीं की धुन में गुनगुनाएँ हम
उनके साथ ही अगर दीवाली मनाएँ हम
उनको खो रहे हैं जिनके दम से हर त्योहार है
युद्ध को न रोक पाए तो हमारी हार है

अपनी धरती से अलग प्रवास कुछ भी है नहीं
घर ही रण बना तो फिर निकास कुछ भी है नहीं
ऐसा दाँव खेलने में ख़ास कुछ भी है नहीं
देश के सिवा हमारे पास कुछ भी है नहीं
हमारा जो प्रहार है हमी पे ही प्रहार है
युद्ध को न रोक पाए तो हमारी हार है

मेरा दोष क्या है जो मैं होश खो नहीं रहा
तुमसे मेरे दर्द का हिसाब हो नहीं रहा
जिसका दंभ था हमें ये देश वो नहीं रहा
रो सकें तो रोइए कि कोई रो नहीं रहा
दिल का जो सितार है वो सारा तार-तार है
युद्ध को न रोक पाए तो हमारी हार है

## हमने रोते हुए तुमको देखा था कल

हमने रोते हुए तुमको देखा था कल
कोई हो बात तो प्रिय, हमसे कहो!

पत्र जो आज तक हमने भेजा नहीं
उसको पढ़कर तो तय है ये आँसू झरें
किंतु जिस बात पर तुम यूँ रोई थीं कल
तुमसे ही हम न पूछें तो फिर क्या करें

तुमने हमसे तो कुछ भी कहा न मगर
कल लगा जैसे जीवन ही उपहास हो

## इस नई उम्र में प्यार से हारकर

इस नई उम्र में प्यार से हारकर
ज़िंदगी एक अजाना-सा डर हो गई

एक व्यापार था एक लड़ाई-सी थी
प्यार में प्यार का एक पल भी न था
प्रीत का जीतना एक कहानी ही है
हारने के सिवा कोई हल भी न था

जो बचा न सकी अपने किरदार भी
वो कथा ही यहाँ फिर अमर हो गई

## चल पड़ी

चल पड़ी
फिर साथ जीने मरने की
वो बातें
क्या करोगे अब की बार
अभी से न बताना!
तक रही थी आँख झरने का मुख
झर गया मन भी पानी के सहारे
ताल बहकर बन गया एक नदी फिर
वो पुकारे समंदर मन तुमको पुकारे

युग युगों के
ये अभागे जल-मन
पहुँचेंगे न पनघट पार
अभी से न बताना

## हर पीड़ा पर भारी होगा सुख वो तुम्हारे होने का

हर पीड़ा पर भारी होगा सुख वो तुम्हारे होने का
तुमसे बँध जाने का और फिर बंधन सारे खोने का

मिट्टी होती दुनिया अपनी राजमहल हो जाएगी
प्रेमी हों या साधु हों ये दुविधा हल हो जाएगी
केवल गीतों में सुनकर ही दुनिया अपनी क़ाइल है
तुमको मेरे संग जो देखेगी पागल हो जाएगी

मरती आँखों को मिल जाए मौसम हँसने रोने का
हर पीड़ा पर भारी होगा सुख वो तुम्हारे होने का

इतना एकाकी जीवन बस दूर से सुंदर लगता है
प्यार में अपना रोना भी हँसने से बेहतर लगता है
यक्ष सरीखे जीवन में इस प्रश्न के जैसी दुनिया का
तुम और मैं ही एक उत्तर हैं ऐसा अक्सर लगता है

प्यार अकेला ही नियम हो संबंधों के बोने का
हर पीड़ा पर भारी होगा सुख वो तुम्हारे होने का

## दीप-सा ही कोई मन में जलता रहे

दीप-सा ही कोई मन में जलता रहे
इन अँधेरों का अवसान होगा नहीं

तुम धरा से उठे और गगन तक चले
उम्र भर को चले पर न मन तक चले
सभ्यता का नया व्याकरण बाँचकर
सूर्य तक तो चले न हवन तक चले

लक्ष्य को साधना छोड़कर साधना
सिद्ध ऐसे तो वरदान होगा नहीं

## एक तुम क्या गए मन कहीं खो गया

एक तुम क्या गए मन कहीं खो गया
तुम इकाई के बिन शून्य-सा हो गया

दो क़दम तुम बिना अब न चल पाएँगे
और रुके तो अकेले में घबराएँगे
तुम नहीं जानते अब तुम्हारे बिना
हम जो जीवन भी सीखे तो मर जाएँगे

वक़्त दुख की लगे है सदी बो गया
एक तुम क्या गए मन कहीं खो गया

## सुधियों से परे मन चल रे

सुधियों से परे मन चल रे मेरे अब छोड़ मिलन की अभिलाषा
किसको कब किससे मिलना ये कठिन मिलन की परिभाषा

अपने अर्थों में जीवन केवल जग में कुछ पाना था
मन की हर इच्छा का सारा दर्शन भी मनमाना था
प्रेम के ग्रंथों में किसको कब उत्तर सारे मिलते हैं
एक अजानी पुस्तक जिसके पृष्ठ पलटते जाना था

एक अबोले बच्चे की हर चुप्पी भी है जिज्ञासा
किसको कब किससे मिलना ये कठिन मिलन की परिभाषा

## जो ख़ुशबू-सी आस-पास है मेरे पास न आएगी

जो ख़ुशबू-सी आस-पास है मेरे पास न आएगी
एक लड़की है जिसके बिन ये दुनिया रास न आएगी

मैं जब एकाकी होता हूँ उसको गीत सुनाता हूँ
ये ऐसा सपना है जिसमें अक्सर डूब-सा जाता हूँ
इसी कल्पना में एक चेहरा जी को संबल देता है
यूँ जीवन से ऊब चुका हूँ जीने से घबराता हूँ

जिसमें उसकी बात नहीं हो वो अरदास न आएगी
जो ख़ुशबू-सी आसपास है मेरे पास न आएगी

## जिसको सुनकर सहज सुखी मन होता हो

जिसको सुनकर सहज सुखी मन होता हो
जिसको गुनकर मन भी सखी मन होता हो
मिट्टी पानी चंदन फूलों जैसी पावन प्रीत तुम
सखी! एक ग्राम्य गीत तुम।

तुमको हम गाते हैं तो लगता है जीवन गाते हैं
तुमको हम भाते हैं तो लगता है ख़ुद को भाते हैं
अपने अनुभव में दुनिया ये किसी शोर के जैसी है
जिससे बाहर आकर अक्सर हम तुमसे बतियाते हैं

जो सूरज चंदा से हमको माँगे ऐसी रीत तुम
सखी! एक ग्राम्य गीत तुम।

## हम तुम इतने निकट कि जितना सीपी की हर मोती है

हम तुम इतने निकट कि जितना सीपी की हर मोती है
हम तुम इतने पास कि जितना दीप से देहरी होती है

तुम सीपी की छाया मेरे तन-मन मोती करती है
तुम देहरी की ऊष्मा मेरे दीप उजाले भरती है
तुम ऐसा आधार कि बौनी-सी सारी उपमाएँ हैं
तुम साथी ऐसी कि जैसे सूरज चंदा धरती हैं

हम तुम ऐसे प्राण कि जिसमें मृत्यु साँस पिरोती है
हम तुम ऐसा जीवन जिसके नियति स्वप्न सँजोती है

## ऐ नदी अभी हम चलते हैं फिर

ऐ नदी अभी हम चलते हैं फिर
कभी बैठकर दोनों बतियाएँगे

कुछ दीये साथ में हम लिए आएँगे
चाहते हैं तुम्हारी लहर संग बहें
बस यही रास्ता प्रिय तलक जाएगा
एक नए प्यार की मन्नतें ये कहें

अर्थ जो भी सपन बन नयन में रहे
सब तुम्हारी ही तो गोद में आएँगे

तुमने तोड़े हमारे घरौंदे बहुत
स्वप्न और याद के न महल तोड़ना
हमने छोड़ीं पुरानी सभी आदतें
तुम भी अपनी सभी आदतें छोड़ना

इस जनम हैं प्रणय गीत गाने बहुत
फिर किसी जनम में हम तुम्हें गाएँगे

तट तुम्हारे सभी सरहदों में बँधे
हमको भी तो किसी तट का बंधन मिले
देह के इस नगर अपने जी ही नहीं
मन के देहात में मन-सा जीवन मिले

हमने जो भी कहा मित्रवत कह दिया
फिर कभी इसका मतलब भी समझाएँगे

## एक तुम्हारा प्यार मेरी ज़िंदगी का सार है

एक तुम्हारा प्यार मेरी ज़िंदगी का सार है
तुमसे प्यार है तभी तो ज़िंदगी से प्यार है

इस भँवर में जब तुम्हारा साथ मैंने पा लिया
यूँ लगा कि एक परी ने मौत से बचा लिया
हर ख़ुशी ने मन को मेरे रास्ता बना लिया
चलते-चलते ज़िंदगी ने गोद में उठा लिया

एक उदास देहरी पे दीप की क़तार है
तुमसे प्यार है तभी तो ज़िंदगी से प्यार है

रास्ता नहीं था फिर भी एक असर बना रहा
तुम रहे जो हमसफ़र तो ये सफ़र बना रहा
सब नगर गए क़हर में वो मगर बना रहा
अपनी साझेदारियों का काँचघर बना रहा

धूप एक पल तुम्हारी छाँह बार-बार है
तुमसे प्यार है तभी तो ज़िंदगी से प्यार है

अपनी ही शिकायतों में एक याचना मिली
याचना फली तो जैसे मुझको प्रार्थना मिली
तुम मिले तो पावनी-सी एक कामना मिली
तुमको छू के फिर से अपनी खोई साधना मिली

मुझ अधम को तुम मिले ये पुण्य का उधार है
तुमसे प्यार है तभी तो ज़िंदगी से प्यार है

## हमने कब सोचा इतनी नज़दीकी बढ़ जाएगी

हमने कब सोचा इतनी नज़दीकी बढ़ जाएगी
हमने कब सोचा था क़िस्मत ये सूरत गढ़ जाएगी
उसने ही मिलवाया हमको उसका ही उपकार था
जिसने हमको दूर किया था वो भी अपना प्यार था

मैं अपने हिस्से का जीवन कबसे जीना भूल गया
अमृत बाँटे फिरता था ख़ुद अमृत पीना भूल गया
ये ऐसा वरदान था जिसमें मरना ही उपहार था
जिसने हमको दूर किया था वो भी अपना प्यार था

मैंने भी अपने दीपों में बस एक तुम्हारा नूर रखा
जबकि तुमने मुझको अपने साये से भी दूर रखा
जो मुझको रोगी करता था वो तुमको उपचार था
जिसने हमको दूर किया था वो भी अपना प्यार था

क्या तस्वीर बनानी थी और क्या तस्वीर बना डाली
ख़ालीपन भरते-भरते हम रह गए ख़ुद ख़ाली-ख़ाली
रंग-बिरंगे सपनों का भी फीका-सा व्यवहार था
जिसने हमको दूर किया था वो भी अपना प्यार था

सब कुछ छोड़ चुका था फिर भी मैं तुम तक चलकर आया
लेकिन जब लौटा तो तुमको ही अपने साथ न ला पाया
तुमको भी मुझ बंजारे का साथ कहाँ स्वीकार था
जिसने हमको दूर किया था वो भी अपना प्यार था

मुझको मेरी आवाज़ों ने चलने से पहले टोका था
लेकिन तन्हा सोच के तुमको रुकने से भी रोका था
मैं भी था अनजान तुम्हारा अपना एक संसार था
जिसने हमको दूर किया था वो भी अपना प्यार था

तुम संग देखे सपनों का हर दर्पण उजला उजला था
मुझको क्या मालूम था मैं एक बदनाम सफ़र पर निकला था
मेरी आँखों के आगे तो निश्छल-सा संसार था
जिसने हमको दूर किया था वो भी अपना प्यार था

मैंने अपना मैं खोया फिर ख़ुद को तुमसे जोड़ दिया
तुमने अपनी मैं में लेकिन सारा ही संबल तोड़ दिया
संबल भी ऐसा जो पूरे रिश्ते का आधार था
जिसने हमको दूर किया था वो भी अपना प्यार था

हर आती-जाती आहट अब तुमको झुँझला जाती है
जबकि मेरा दुख पत्थर की प्रतिमाएँ भी गाती हैं
इस रिश्ते का हर पल जैसे तुम पर बढ़ता भार था
जिसने हमको दूर किया था वो भी अपना प्यार था

## देह वनवास को सौंपकर वो चला

देह वनवास को सौंपकर वो चला
चित्त घर की दिशा
शेष जाने किधर

एक पराजय अगर उम्र भर साथ हो
हर घड़ी हर्ष ये न निभा पाएगा
अपना जीवन है मंचन के जैसा अगर
हमको जीने का अभिनय नहीं आएगा

जब स्वयं का ही अधिकार कर न सके
प्राण सीमित हुए
साँस विन्यास पर

मंत्रणा कोई भी न सफल हो सकी
प्रीत को तो समर में उतरना ही था
हारना प्रेम में सब अमर कर गया
जीत जाता प्रणय फिर तो मरना ही था

हार को साँस हरदम सँभाले हुए
साथ रहता नहीं
यूँ कोई जीतकर

कुछ वचन यूँ अधूरे सँजोए रहें
अश्रुपूरित समापन हो संसार का
एक इकाई है मन बस यही मानकर
हम भी सतिया बने दर्द के द्वार का

प्रार्थना बस यही स्वर अबोले रहें
गीत कोई
कभी नहीं हो मुखर

उन अभागे क्षणों की समीक्षा न हो
आँख जब एक उदासी का घर हो गईं
चुप रहे हम सदा कुछ न बोले कभी
चुप्पियाँ फिर गुनाहों का स्वर हो गईं

न्याय का कब कोई एक आधार है
यातना हर घड़ी
याचना जन्मभर

## भान तुमको न था न हमें ही रहा

भान तुमको न था न हमें ही रहा
क्या तो तुमने सुना क्या तो हमने कहा

बींध तुम ही गए जाने किस तीर में
भीग हम भी गए आँख भर नीर में
यों तो सब कुछ हुआ किंतु कुछ न हुआ
द्रौपदी से रहे वक़्त के चीर में

टीस है अनकही दर्द भी अनकहा
क्या तो तुमने सुना
क्या तो हमने कहा

रतजगे ख़्वाब हैं नींद सोई नहीं
हमने पीड़ा रुदन में भिगोई नहीं
तुमको हम जान लें हमको तुम जान लो
और अपना नगर में है कोई नहीं

सुख भी सहने पड़े जैसे दुख को सहा
क्या तो तुमने सुना
क्या तो हमने कहा

## साथ तुम्हारा हो तो

साथ तुम्हारा हो तो जीवन जीवन जैसा लगता है
वरना अपना मन सुधियों की अनबन जैसा लगता है

अपना तो एकाकीपन से जनम-जनम का नाता है
लेकिन एकाकी से ज़्यादा साथ तुम्हारा भाता है
वेद पुराणों में तो दुनिया भर से दूरी लगती है
एक तुम्हारा होना जैसे सबको पास बुलाता है

नदिया पर्वत झरने सब आमंत्रण जैसा लगता है
साथ तुम्हारा हो तो जीवन जीवन जैसा लगता है

## हम जो गुमसुम-सी घड़ियों की तस्वीर हैं

हम जो गुमसुम-सी घड़ियों की तस्वीर हैं
वो हँसी बस तुम्हारे लिए लाए थे
सब दिशाओं में भटके हुए लोग हैं
हम तो सीधे तुम्हारी तरफ़ आए थे

ये कसक एक दिन हमको खा जाएगी
तुमको भूले नहीं जग भुलाते हुए
हम भी अपनी नमी को बचाते मगर
आँख जलने लगी जल बनाते हुए

किस तरह जगमगाहट में तुम देखते
हमने ज़ेवर भी मिट्टी के बनवाए थे

## साथ किसी के चलकर रस्ता सुंदर तो हो जाता है

साथ किसी के चलकर रस्ता सुंदर तो हो जाता है
सपनों के सुस्ताने भर को एक घर तो हो जाता है
एक उदासे तन को सुख का ज़ेवर तो हो जाता है
नेह किसी का पाकर जीवन बेहतर तो हो जाता है

तुम होते तो इन बातों को कहना और सरल होता
तुम होते तो इस दुनिया में रहना और सरल होता

हम अनुमानित सात बरस तक क़दम-क़दम पर साथ रहे
जनम-जनम संग रहने के वचनों के दम पर साथ रहे
भोले-भाले अर्थों वाली हर एक क़सम पर साथ रहे
कुछ भी साथ नहीं था अपने हम हमदम पर साथ रहे

तुम बुनियाद अगर होते तो ढहना और सरल होता
तुम होते तो इस दुनिया में रहना और सरल होता

हम दोनों एक-दूजे के पहले पहले संबल थे
संग-संग ऐसे रहते जैसे हम ही संगम के जल थे
लेकिन अपने साथ हुए हम सबसे बुनियादी छल थे
सबको पागल कहते थे पर हम दोनों ही पागल थे

पागल ही रहते तो ख़ुद को सहना और सरल होता
तुम होते तो इस दुनिया में रहना और सरल होता

## आँखों में भरकर अपना एक दुख का गाँव बचा लाए

आँखों में भरकर अपना एक दुख का गाँव बचा लाए
हम अपने रोने के कितने रंग दिखा पाते तुमको

रोज़ इसी सुनसान सड़क से आता जाता सूनापन
तुमसे और निकट ले आए हमको दूरी के बंधन
रोती आँखों ने तुमको मुस्काते देखा तो जाना
आँखों के पानी से ज़्यादा नम होता है अपनापन

हम इस खेल में हारे थे सो सारे दाँव बचा लाए
तुमसे जीत अगर जाते तो क्या मुँह दिखलाते तुमको

## मन का डूब जाना

मन का डूब जाना
तुम्हारे मन के पास

रोज़ नए है खेल रचती
एक चंचल याद
हारते जाते प्रतिपल हम चखकर
विजय के स्वाद

खोना सब कुछ पाना
तुम्हारे मन के पास

प्रीत अपनी जितनी कठिन है
तुम हो उतनी जटिल
गुणा भाग धन सब तुमसे ही
ऋण है हमें हासिल

ऋण भी रास आना
तुम्हारे मन के पास

धूप तुम्हारी छू न पाए
पाई ऐसी छाया है
उम्रभर हम चीख़े तब
मौन ऐसा आया है

यूँही लौट आना
तुम्हारे मन के पास
मन का डूब जाना
तुम्हारे मन के पास